D0532266

LAS CADENAS ALIMENTARIAS Y TÚ

Bobbie Kalman

🍄 Crabtree Publishing Company
www.crabtreebooks.com

LAS CADENAS ALIMENTARIAS Y TÚ

Creado por Bobbie Kalman

Dedicado por Andrea Crabtree
Para Tom, ¡gracias por hacerme reír!

Autora y editora en jefe
Bobbie Kalman

Editoras
Molly Aloian
Kristina Lundblad
Kelley MacAulay
Kathryn Smithyman

Director artístico
Robert MacGregor

Diseño
Katherine Kantor

Coordinación de producción
Katherine Kantor

Investigación fotográfica
Crystal Foxton

Consultora
Patricia Loesche, Ph.D., Programa
sobre el comportamiento de animales,
Departamento de Psicología,
University of Washington

Consultor lingüístico
Dr. Carlos García, M.D., Maestro bilingüe de Ciencias, Estudios Sociales y Matemáticas

Agradecimiento especial a
Jayson Foster, Alexis Gaddishaw, Sophie Izikson, Aimee Lefebvre, Alissa Lefebvre,
Erika Olarte, Jennifer Olarte y Chantelle Styres

Fotografías
Marc Crabtree: página 25
Bobbie Kalman: portada (niña), página de título (central), 14 (inferior),
    19 (inferior), 21 (izquierda), 24, 27, 30
Otras imágenes de Adobe Image Library, Comstock, Corbis, Corel, Creatas,
Digital Stock, Digital Vision y Photodisc

Ilustraciones
Barbara Bedell: páginas 9 (conejo, ratón y lince), 10 y 11 (todas excepto la mariposa,
    el ganso, las bellotas, el maíz, el narciso y dos plantas: página 10 superior izquierda
    y derecha), 24 (tiburón y calamar), 25 (búho, comadreja y ratón), 27 (suelo)
Katherine Kantor: páginas 10 y 11 (bellotas), 25 (pollo)
Margaret Amy Reiach: logotipo de la serie, páginas 7, 9 (sol y girasol), 10 y 11 (mariposa),
    24 (plantas acuáticas, camarón y pez), 27 (lombriz de tierra y cangrejo)
Bonna Rouse: páginas 9 (planta), 10 y 11 (ganso, dos plantas: página 10 superior izquierda
    y derecha, maíz y narciso), 25 (maíz), 31

Traducción
Servicios de traducción al español y de composición
de textos suministrados por translations.com

Crabtree Publishing Company

www.crabtreebooks.com   1-800-387-7650

Copyright © **2006 CRABTREE PUBLISHING COMPANY**.
Todos los derechos reservados. Se prohíbe la reproducción total o parcial
de esta obra, su almacenamiento en sistemas de recuperación o su
transmisión en cualquier forma y por cualquier medio, ya sea electrónico
o mecánico, incluido el fotocopiado o grabado, sin la autorización previa
por escrito de Crabtree Publishing Company. En Canadá: Agradecemos
el apoyo económico del Gobierno de Canadá a través del programa *Book
Publishing Industry Development Program* (Programa de desarrollo de la
industria editorial, BPIDP) para nuestras actividades editoriales.

Library of Congress Cataloging-in-Publication Data
Kalman, Bobbie, 1947-
  [Food chains and you. Spanish]
  Las cadenas alimentarias y tú / written by Bobbie Kalman.
    p. cm. -- (Serie Cadenas alimentarias)
  Includes index.
  ISBN-13: 978-0-7787-8528-6 (rlb)
  ISBN-10: 0-7787-8528-9 (rlb)
  ISBN-13: 978-0-7787-8544-6 (pbk)
  ISBN-10: 0-7787-8544-0 (pbk)
  1. Food chains (Ecology)--Juvenile literature. I. Title. II. Series.
  QH541.14.K349618 2006
  577'.16--dc22   2005036515
                                                        LC

**Publicado en
los Estados Unidos**
PMB16A
350 Fifth Ave.
Suite 3308
New York, NY
10118

**Publicado
en Canadá**
616 Welland Ave.,
St. Catharines, Ontario
Canadá
L2M 5V6

**Publicado en el
Reino Unido**
White Cross Mills
High Town, Lancaster
LA1 4XS
Reino Unido

**Publicado
en Australia**
386 Mt. Alexander Rd.,
Ascot Vale (Melbourne)
VIC 3032

Contenido

Los seres vivos necesitan alimento

Los seres humanos somos seres vivos. Compartimos la Tierra con plantas y animales, que también son seres vivos. Los seres vivos tal vez tengan aspecto diferente, pero la mayoría necesita las mismas cosas para vivir. Necesitan aire, agua, luz del sol y alimento.

Nutrientes y energía

Los alimentos contienen **nutrientes**.
Los nutrientes de los alimentos le
dan **energía** a los seres vivos.
La energía es la fuerza que los
seres vivos necesitan para vivir.
Usamos la energía para crecer,
movernos, encontrar alimento
y permanecer sanos. Todos los
seres vivos obtienen energía de los
alimentos, pero no todos obtienen
su alimento de la misma manera.

Las orugas y las mariposas comen plantas para obtener energía. ¿Sabes cómo obtienen energía las plantas?

La energía del sol

La magia de la clorofila

Las hojas de las plantas contienen **clorofila**. Es un **pigmento** o color verde que atrapa la energía solar y la usa para producir alimento.

Todos los seres vivos necesitan energía. La energía fluye de un ser vivo a otro. A medida que fluye, cambia. Casi toda la energía comienza con la luz del sol. Las plantas producen alimento usando luz solar. Sólo las plantas pueden convertir la energía del sol en energía alimentaria.

Alimento del sol

Las plantas **absorben**, o toman, la energía solar y la convierten en alimento. El alimento que las plantas producen se llama **glucosa** y es un tipo de azúcar. Les da a las plantas la energía que necesitan para crecer y producir nuevas plantas. Las plantas no usan todo el alimento que producen, sino que guardan un poco.

Fotosíntesis

El proceso de producir alimento a partir de la luz del sol se llama **fotosíntesis**. La palabra "fotosíntesis" está formada por dos vocablos: "foto", que significa "luz", y "síntesis", que significa "combinación". Para producir alimento, las plantas usan la luz solar para combinar agua y **dióxido de carbono**. El dióxido de carbono es un gas presente en el aire.

Las plantas limpian el aire

El exceso de dióxido de carbono hace daño a los animales y a los seres humanos. Cuando las plantas lo usan para producir alimento, a la vez limpian el aire. Al producir alimento, las plantas también liberan **oxígeno**. Los animales y las personas respiran oxígeno, que también es un gas presente en el aire.

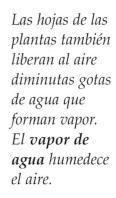

Las plantas usan la luz solar para producir alimento.

Durante la fotosíntesis, las hojas de las plantas liberan oxígeno al aire.

Las hojas de las plantas también liberan al aire diminutas gotas de agua que forman vapor. El **vapor de agua** humedece el aire.

Las hojas toman dióxido de carbono del aire.

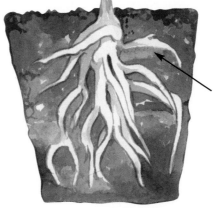

Las raíces de las plantas toman agua y nutrientes del suelo. (Ver página 27.)

¿Qué son las cadenas alimentarias?

Las plantas **producen**, o hacen, su propio alimento gracias a la fotosíntesis. Por ello se les denomina **productores**. Los animales y las personas no pueden usar la fotosíntesis para producir alimento. Se les llama **consumidores** porque deben **consumir**, o comer, otros seres vivos para obtener energía.

La energía fluye

La energía del sol fluye de las plantas a los animales en **cadenas alimentarias**. Cuando un animal come una planta, obtiene parte de energía solar que estaba almacenada en ella.

Alimentarse de otros

Algunos animales no comen plantas. En cambio, comen otros animales, pero todavía reciben la energía del sol. La obtienen al comer animales que han comido plantas. Para ver cómo funciona una cadena alimentaria, mira el diagrama de la derecha.

Una cadena alimentaria

Estas plantas usan la energía del sol para producir alimento. Usan parte de la energía y almacenan el resto.

Cuando un conejo come semillas de girasol u hojas de diente de león, parte de la energía almacenada en esas plantas pasa al conejo. El conejo obtiene menos energía del sol que la que recibieron las plantas.

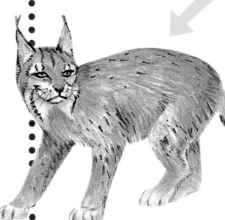

Cuando un lince se come al conejo, sólo una pequeña parte de la energía del sol pasa al lince, primero a través de las plantas y luego a través del conejo.

La pirámide energética

A medida que los animales se alimentan, la energía pasa de un ser vivo a otro. La **pirámide energética** de la derecha muestra cómo fluye la energía. La pirámide es ancha en el primer nivel para mostrar que muchas plantas se convierten en energía alimentaria. La pirámide se estrecha para mostrar que en el segundo nivel hay menos seres vivos. ¿Por qué crees que la pirámide es aún más estrecha en el nivel superior?

Tercer nivel: carnívoros

El tercer nivel de una cadena alimentaria está formado por los **carnívoros**. Los carnívoros son animales que obtienen energía al comer otros animales. En una cadena alimentaria, son los **consumidores secundarios**. Los consumidores secundarios se alimentan de los primarios. Están en la parte más alta de la cadena alimentaria, donde hay mucha menos energía. Por ello hay menos carnívoros que herbívoros y plantas.

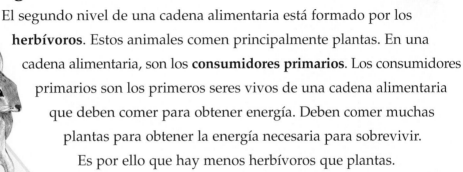

Segundo nivel: herbívoros

El segundo nivel de una cadena alimentaria está formado por los **herbívoros**. Estos animales comen principalmente plantas. En una cadena alimentaria, son los **consumidores primarios**. Los consumidores primarios son los primeros seres vivos de una cadena alimentaria que deben comer para obtener energía. Deben comer muchas plantas para obtener la energía necesaria para sobrevivir. Es por ello que hay menos herbívoros que plantas.

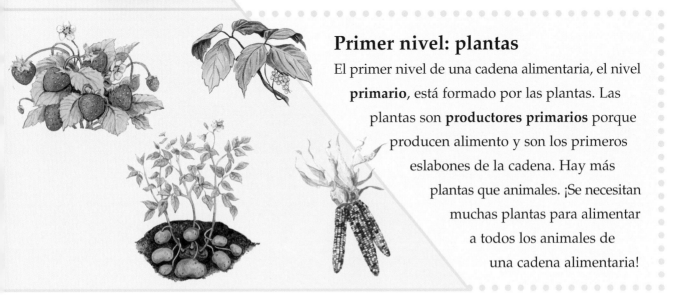

Primer nivel: plantas

El primer nivel de una cadena alimentaria, el nivel **primario**, está formado por las plantas. Las plantas son **productores primarios** porque producen alimento y son los primeros eslabones de la cadena. Hay más plantas que animales. ¡Se necesitan muchas plantas para alimentar a todos los animales de una cadena alimentaria!

Animales que comen plantas

Los herbívoros son animales que comen principalmente plantas de distintos tipos. Muchos comen pasto; otros, plantas con flores y otros, partes de árboles. Todas las plantas y sus partes contienen energía del sol almacenada.

Pastar y desramar

Los herbívoros que comen pasto y hierbas pequeñas cerca del suelo son animales que **pastan**. Los que comen hojas, brotes y ramitas, **desraman**. Algunos de los animales más grandes de la Tierra, como los elefantes, los rinocerontes y los alces, pastan o desraman.

¿Qué parte de las plantas?

No todos los herbívoros comen pasto y hojas. Algunos insectos y muchas aves beben **néctar**. El néctar es un líquido dulce que se encuentra en las flores. Los ratones comen las semillas de las plantas. Otros herbívoros comen otras partes, como los frutos, las raíces y la corteza.

Las ardillas comen semillas y nueces. También comen frutos y otras partes de las plantas.

13

Alimentos de origen vegetal

Cuando comes frutas y verduras, estás comiendo alimentos de origen vegetal. Los azúcares y **almidones** almacenados en las plantas le dan a tu cuerpo nutrientes llamados **carbohidratos**. Los carbohidratos, o hidratos de carbono, te dan la mayor parte de la energía que necesitas. Los alimentos de origen vegetal también contienen **fibra**. La fibra es una sustancia que el cuerpo no digiere, pero la necesitamos para ayudar al cuerpo a eliminar los desechos. ¡Los frijoles son una gran fuente de fibra!

¿Qué comes?

¿Sabes qué partes de las plantas se comen? Mira estos alimentos de origen vegetal y trata de adivinar si son tallos, raíces, hojas, frutos o semillas.

La mayoría de las nueces en realidad son frutos cubiertos por una corteza dura, pero el cacahuate no es una nuez, es una semilla.

Las ramas de apio en realidad son tallos. En esta imagen también se ven las hojas.

¿El tomate es una fruta o una verdura? Si dijiste fruta, ¡adivinaste!

La lechuga está formada por un racimo de hojas.

Los puntos negros alrededor del centro del kiwi son las semillas de esta fruta.

Cuando comes brócoli, comes las flores y los tallos de la planta.

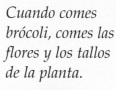

*El pan se hace con las semillas de plantas que producen granos, como trigo y centeno. El **pan integral** que está a la derecha contiene más nutrientes que el pan blanco que está a la izquierda.*

*Las papas blancas y rojas son tallos, pero los **ñames** (también llamados batatas o camotes), son raíces. Otras verduras cuyas raíces se comen son la remolacha, la zanahoria y la chirivía.*

Animales que cazan para alimentarse

Los carnívoros comen carne. La mayoría de los carnívoros son **depredadores**. Los depredadores cazan otros animales para alimentarse de ellos. Los animales que cazan son la **presa**. Cuando la presa es un herbívoro, los carnívoros son consumidores secundarios. Cuando comen otros carnívoros, son **consumidores terciarios**. El lince de la imagen es un consumidor secundario cuando se alimenta de ratones y un consumidor terciario cuando se alimenta de lechuzas, que también comen ratones.

Depredadores útiles

Los depredadores son un eslabón importante en las cadenas alimentarias. Si en una zona no hay depredadores, hay demasiados herbívoros que se comen casi todas las plantas de la zona.

Si en una zona no hay lobos, puede haber demasiados ciervos. (Ver página 29.)

Manadas saludables

Los depredadores mantienen sanas a las manadas de animales porque suelen cazar animales viejos y enfermos. Cuando estos animales ya no están, hay más alimento para los animales sanos de la manada.

Los leones y otros felinos salvajes cazan los animales débiles de las manadas, como esta vieja cebra.

Comer las sobras

Algunos animales no cazan. Se les llama **carroñeros** porque buscan la **carroña** o animales muertos que los depredadores han dejado atrás.

Las hienas y los buitres son carroñeros porque comen lo que los leones y otros animales dejan. Las hienas a veces también cazan, además de comer carroña.

Alimentos de origen animal

La carne viene de los animales. No sólo obtenemos carne de los animales, sino también otros alimentos como la leche y los huevos. Los productores lecheros crían vacas para obtener leche. Otros granjeros crían vacas, cerdos, pollos u ovejas para obtener carne. Los pescadores pescan distintos tipos de peces, como salmón y trucha, para alimentar a las personas.

Las vacas de esta fotografía están comiendo pasto. La energía del sol está en el pasto, y ahora pasa a las vacas. Al comer carne de vaca, también absorbes la energía del sol.

18

Abundantes nutrientes

Los productos de origen animal son ricos en los nutrientes que tu cuerpo necesita, en especial **proteínas**. La carne y los productos lácteos, como el queso y el yogur, son alimentos ricos en proteínas. La leche además contiene un mineral llamado **calcio**. El calcio y las proteínas fortalecen los dientes, músculos y huesos.

El yogur es un producto lácteo que sabe delicioso. ¡A mucha gente le gusta mezclarlo con frutas frescas, como plátanos o fresas!

Comen cualquier cosa

Muchos animales obtienen energía ya sea de plantas o de animales, pero otros se alimentan de ambos. Los **omnívoros** comen tanto plantas como otros animales. Los osos pardos, por ejemplo, comen bayas, insectos, pescado y cualquier otro alimento que encuentren. La mayoría de los omnívoros no tienen problemas para encontrar alimento porque comen cualquier cosa.

Los osos duermen la mayor parte del invierno. Cuando vuelven a estar activos en la primavera, tienen mucha hambre y se van a pescar salmón. En el verano, se alimentan de bayas y otras plantas. Si estás acampando en una zona donde hay osos, no dejes comida donde puedan alcanzarla. ¡Te la robarán!

Distintos alimentos

Los zorrillos comen principalmente insectos, larvas y animales pequeños, pero también huevos de ave y frutas. Los animales que se alimentan de cualquier cosa que encuentren son **oportunistas**. Lo que comen puede cambiar con las estaciones o según el lugar donde viven.

Estas niñas han preparado una gran comida con carne, arroz, frijoles, pan y verduras.

¿Eres omnívoro?

Así como los omnívoros comen distintos tipos de alimentos, los seres humanos también comemos distintos alimentos para obtener todos los nutrientes que nuestro cuerpo necesita. La mayoría de las personas comen alimentos que provienen tanto de plantas como de animales. ¿Cuáles de los alimentos de este cuadro provienen de plantas y cuáles de animales?

¿Dónde conseguimos los alimentos?

Las coles crecen en el campo bajo el sol. Cuando comemos alimentos frescos como éstos, obtenemos más energía solar que cuando comemos alimentos enlatados o procesados.

En el pasado, las personas recolectaban bayas de arbustos silvestres y recogían frutos de los árboles del campo. Cazaban para obtener carne y pescaban si querían comer pescado o mariscos.

Comprar alimentos

Hoy en día, compramos la mayor parte de nuestros alimentos en el supermercado. Suelen venir envueltos en plástico o en cajas de cartón. Muchos alimentos están **procesados**. A los alimentos procesados se les agrega sal, azúcar y sustancias químicas que pueden causar daño a las personas. Todos los alimentos son parte de cadenas alimentarias, pero los alimentos frescos contienen más nutrientes que los procesados. Su energía nos dura más. Comprar alimentos frescos también es mejor para la Tierra. (Ver páginas 30 y 31.)

(arriba, izquierda) Los granos, como el trigo, el centeno y la avena, se cultivan en los campos. Se muelen para producir harina, que se usa para hacer pan, fideos y cereales.
(arriba, derecha) Algunas frutas, como las peras, las manzanas y las naranjas, crecen en árboles.
(extremo derecho) Las frutas y las verduras son recolectadas por personas y envasadas en cajas. Luego se transportan a mercados de todo el mundo.
(derecha) La carne proviene de animales, como los corderos, los cerdos, las vacas y los pollos.

Todos los alimentos que aparecen en estas páginas pertenecen a cadenas alimentarias.

Las redes alimentarias y tú

Así como nosotros comemos distintos tipos de alimentos, la mayoría de los animales también pertenecen a más de una cadena alimentaria. Cuando un animal de una cadena es comido por uno de otra cadena, esos animales forman parte de una **red alimentaria**. Una red alimentaria comprende muchas plantas y animales, y hay muchas de estas redes. Cuando comes pescado, eres parte de una red alimentaria donde hay un oso… ¡y de otra red donde hay un tiburón! Tú y muchos tipos de animales son parte de distintas redes alimentarias.

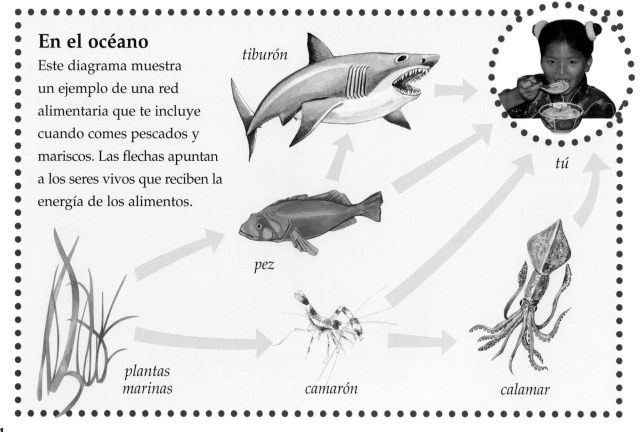

En el océano
Este diagrama muestra un ejemplo de una red alimentaria que te incluye cuando comes pescados y mariscos. Las flechas apuntan a los seres vivos que reciben la energía de los alimentos.

tiburón

tú

pez

plantas marinas

camarón

calamar

Una red alimentaria de la tierra

Cuando comes maíz y pollo, eres parte de una red alimentaria donde hay un búho, una comadreja, un ratón, y también un pollo y un poco de maíz. A esta red también pueden pertenecer otros animales, como un zorro o un coyote. Ambos comen pollos y ratones.

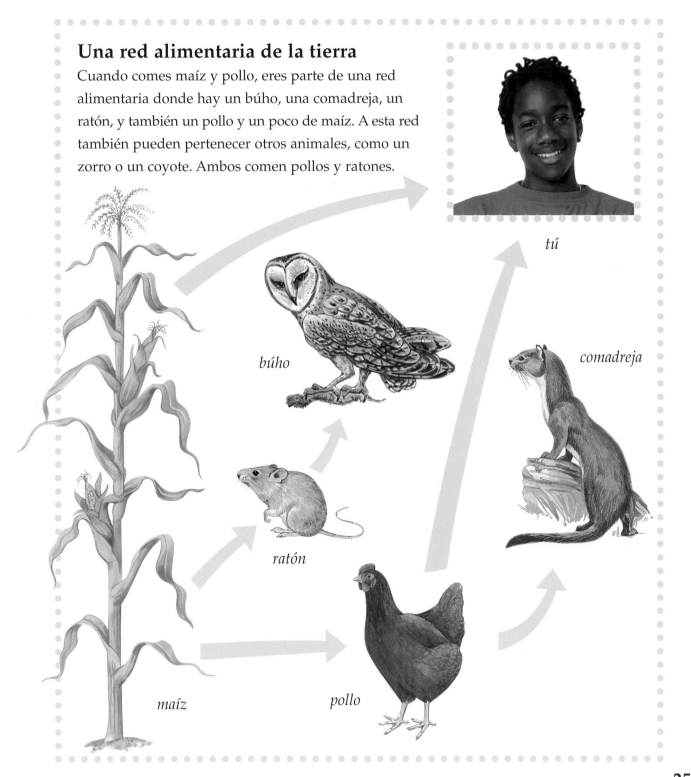

tú

búho

comadreja

ratón

maíz

pollo

25

Los limpiadores de la naturaleza

En la tierra, los hongos, las bacterias y los caracoles ayudan a descomponer plantas y animales muertos. En el agua, los camarones, almejas, cangrejos, insectos y otros animales descomponen las cosas muertas.

Todos los seres vivos mueren y se convierten en alimento para otros seres vivos llamados **descomponedores**. Estos seres descomponen la materia muerta para que pueda formar parte del suelo. Si las plantas y animales que mueren no se descompusieran en partes más pequeñas, se acumularían. En poco tiempo, ¡la Tierra estaría cubierta de cosas muertas!

Redes alimentarias de detrito

Las **bacterias**, los hongos, los gusanos, las babosas y los caracoles son descomponedores. Forman parte de las **redes alimentarias de detrito.** Detrito significa materia en descomposición.

Reutilización de la energía

Los descomponedores comen cosas muertas para obtener los nutrientes que quedaron dentro de ellas. Luego, ponen estos nutrientes de nuevo en la tierra o el agua, donde crecerán plantas. Las plantas entonces usarán esos nutrientes más la energía del sol para producir alimento. Los descomponedores no sólo ayudan a las plantas a crecer: también ayudan a mantener a la Tierra limpia para otros seres vivos.

¿De qué está hecho tu sándwich?

Si comes un sándwich tostado de pollo con champiñones, tomate y lechuga, estás comiendo plantas, un herbívoro y un descomponedor. Los cangrejos, las almejas, las langostas y los camarones son otros descomponedores que puedes comer para la cena de vez en cuando. Pero, ¿de qué está hecho en realidad tu sándwich? Cuando comes cualquier alimento, obtienes parte de la energía del sol. También obtienes nutrientes, que a su vez provienen de plantas y animales muertos del suelo y del lecho marino. Así que tu sándwich está hecho de un poco de sol, un poco de suelo, un poco de agua y un poco de cosas muertas. Cuando comes cualquier cosa, ¡en realidad estás comiendo un poco de todo!

Destruir la naturaleza

Cada año, más seres humanos habitan la Tierra, y necesitan comer. A veces nos olvidamos de que los animales también tienen que comer. Al cambiar la naturaleza, las personas dañan las cadenas y redes alimentarias. Cuando se talan bosques para construir granjas o casas, se destruyen las fuentes de alimento y el hogar de los animales. Talar árboles destruye las redes alimentarias.

Uso de pesticidas

Cuando las personas usan productos químicos llamados **pesticidas** en el césped o en los cultivos para matar insectos que son plaga, también mueren insectos útiles, como abejas y mariposas. Muchas plantas necesitan estos insectos para producir semillas y lograr que crezcan nuevas plantas.

Los pesticidas son malos para los insectos, las aves y las personas. El hombre de la foto usa una mascarilla y un traje especial porque el pesticida que está rociando es peligroso para su salud. En algunos lugares comienzan a usarse formas más seguras de eliminar las plagas.

Cacería de carnívoros

En el pasado, las personas cazaban animales, como tigres y lobos, porque temían que estos carnívoros se comieran los animales que criaban. En el mar, se mata a los tiburones porque las personas les tienen miedo. Si observas la pirámide energética de las páginas 10 y 11, verás que hay menos carnívoros que otros animales en las redes y cadenas alimentarias. Matar carnívoros desequilibra las redes y cadenas alimentarias porque son una parte muy importante de la pirámide energética.

Desequilibrio

Cuando todos los lobos de una zona mueren, la cantidad de ciervos aumenta cada año. Los ciervos comen demasiadas plantas silvestres y descortezan los árboles, por lo que estos mueren. También entran en los patios de las casas y comen las plantas de las personas.

29

Cómo puedes ayudar

Hay muchas formas en que puedes ayudar a las cadenas alimentarias. El primer paso es saber que tus acciones cambiarán la vida de las plantas y los animales. El segundo es hacer saber a los demás que también pueden ayudar. ¡Haz que tu familia, amigos y vecinos participen! Come alimentos cultivados **localmente**, o cerca de tu casa. Estos alimentos son frescos porque no han sido transportados desde lugares lejanos. Pide a tus padres que compren alimentos **orgánicos** que no contengan pesticidas. ¡Tal vez tu familia pueda sembrar un huerto!

¿Qué comes?

Cuando comes principalmente alimentos como verduras, granos y fruta, ayudas a mantenerte sano y también ayudas a la Tierra. Hace falta más tierra, combustible y agua para criar animales que para cultivar plantas. Puedes seguir comiendo carne y pescado, pero en menor cantidad. Comer más verduras y granos es mejor tanto para ti como para la Tierra.

En tu patio

Pide a tus padres que planten **plantas autóctonas** en tu patio. Las plantas autóctonas son las que han crecido naturalmente en un lugar durante miles de años. Necesitan menos agua y no requieren pesticidas. Estas plantas también atraen mariposas y aves a tu patio. Si tienes comederos de aves, compra semillas naturales, como semillas de girasol y de cardo, en lugar de alpiste mixto. Los gatos son depredadores. Si tienes un gato, asegúrate de que esté adentro cuando las aves se estén alimentando.

Glosario

Nota: Es posible que las palabras en negrita que están definidas en el texto no aparezcan en el glosario.

almidón Nutriente que se encuentra en alimentos tales como las papas, el maíz y el arroz

bacterias Seres vivos diminutos que ayudan a descomponer plantas y animales muertos

calcio Mineral que se encuentra en los productos lácteos, la soya, las almendras y muchas otras verduras; es esencial para tener dientes y huesos fuertes

carbohidrato Sustancia producida por las plantas, que es una fuente principal de energía para los animales

orgánico Palabra que describe algo que se cultiva naturalmente, sin productos químicos

pan integral Pan hecho de granos a los que no se les quitaron las partes nutritivas

pesticida Producto químico que sirve para matar insectos

proteína Sustancia necesaria para crecer, que se encuentra en alimentos como la carne y la soya

Índice

1 2 3 4 5 6 7 8 9 0 Impreso en Canadá 5 4 3 2 1 0 9 8 7 6